Y 5793 p.
B

LE JUGEMENT DE CAPRICE.

COMÉDIE EN VERS,
EN TROIS ACTES.

M. DCC. LXI.

ACTEURS.

LISIMON, *père de Rosalide*,
ROSALIDE, *fille de Lisimon, amoureuse de Similor.*
FLORISE, *sœur de Lisimon & tante de Rosalide, amoureuse de Similor.*
SIMILOR, *jeune auteur, amoureux de Rosalide.*
FINETTE, *soubrette*,
FONTBOIS, *épilogueur*,
BAZIN, *homme d'esprit & de bon sens.*
CLARICE.
LAURE.

} Tous acteurs de la comédie Française.

L'ARLEQUIN *de la Comédie Italienne.*
DES VALETS.

La Scène est chez Lisimon, comédien Français, & dans un salon qui communique aux appartemens de Lisimon & de Rosalide.

LE JUGEMENT DE CAPRICE.
COMÉDIE.

ACTE PREMIER.

SCENE PREMIERE.
SIMILOR *seul.*

Ces messieurs les acteurs du théâtre Français
Se lèvent tard! comment! ni maître, ni laquais!
Ah! Finette, bonjour.

SCENE II.
SIMILOR, FINETTE.
FINETTE.

Bonjour, monsieur!
SIMILOR.
Demeurez

FINETTE.

Cela n'est pas possible ; il faut que tout à l'heure
J'entre chez Rosalide, où son père m'attend
Pour une grande affaire, un sujet important.

SIMILOR.

Tu dis que Lisimon est là, chez Rosalide,
Pour une grande affaire ?

FINETTE.

Où Florise préside.
Il ne s'agit pas moins que de donner congé
A certain prétendu qui fut mon protégé,
Aimé de Rosalide, auteur, & qui, peut-être,
Par mes soins obligeans fut devenu mon maître.

SIMILOR.

Mais cela me ressemble.

FINETTE.

Oh ! très-parfaitement.

SIMILOR.

Et Florise à mes vœux s'oppose.

FINETTE.

Absolument.
Il vous faudra changer en piquante épigramme
Le doucereux projet de votre épithalame :
Car la tante à coup sûr va l'emporter sur nous.
Et de quoi diable aussi vous avisâtes-vous
De plaire à cette femme ?

SIMILOR.

Hélas ! Que te dirai-je ?
Tu sçais que dans la troupe elle a le privilège
De décider de tout en pleine autorité :
Moi, jeune auteur encore & mal accrédité,

Je crus que pour ma muſe il étoit néceſſaire
De faire de mon mieux pour tâcher de lui plaire ;
Je lui fis donc ma cour, & trop bien par malheur ;
En flattant ſon eſprit, je ſubjuguai ſon cœur.
Depuis ce temps fatal c'eſt une tyrannie :
Elle fait, en m'aimant, le malheur de ma vie.
J'ai voulu, par mes ſoins, quelque temps l'amuſer ;
Mais elle va plus loin, & prétend m'épouſer.

FINETTE.

Peſte ! c'eſt une femme à n'en jamais démordre,
Et qui va nous donner bien du fil à retordre.
Elle a, pour commencer, fait de vous un portrait
Tout propre à renverſer à fond notre projet.
Roſalide proteſte & vous peint à ſa guiſe :
Mais ſon père applaudit au pinceau de Floriſe ;
Et, ſans approfondir l'intérêt qui la meut,
Il vous éconduira puiſque ſa ſœur le veut.
C'eſt ſa loi, ſon conſeil, & ſon ſuprême oracle.

SIMILOR.

Il faut donc que pour moi l'amour faſſe un miracle.

FINETTE.

Nous le ſeconderons. Vous, de votre côté,
Pour plaire à nos meſſieurs, vous aurez la bonté
De ne plus employer d'expreſſion pareille
A celle qui tantôt à frappé mon oreille.

SIMILOR.

Moi !

FINETTE.

   Troupe ne va pas à nos comédiens.
C'eſt une petiteſſe, il eſt vrai, j'en conviens :
Mais vous devez, monſieur, careſſer leur manie ;
Et, quand vous parlez d'eux, dites *la compagnie.*

SIMILOR.

Oh ! je les traiterai, s'il faut, de tribunal,
D'Aréopage encor.

FINETTE.

Vous ne ferez pas mal.

SIMILOR.

Ils sont tous à mes yeux pères de ma maîtresse :
Et de plus aujourd'hui je dois lire une pièce ;
Juge s'il me convient de faire ici le fat.
Mais je compte, entre nous, sur un succès d'éclat
Qui va justifier le choix de Rosalide :
Qui pourroit la blâmer, quand la gloire décide !
Non, Finette, il n'est point de femmes dans Paris
Qui ne cédât, comme elle, aux talens applaudis.
Nous autres gens d'esprit, nous sommes sûrs de plaire.

FINETTE.

S'il étoit vrai, ma foi, vous auriez trop à faire :
Mais par bonheur souvent on vous préfère un sot,
Et c'est avec raison ; bien aimer est son lot.
La Philis d'un poëte en vains soupirs s'exhale :
Toutes ont pour le moins la gloire pour rivale.
Vos cabinets, messieurs, vos livres, & vos vers
Vous tiennent lieu de tout, c'est pour vous l'univers.
Vos femmes ! c'est pitié, je parle des plus belles :
Vous veillez au Parnasse, & vous dormez près d'elles.
Mais, pour en revenir à ce que vous disiez,
Je veux, pour un moment, que vous réussissiez ;
Notre tante, monsieur, dont vous êtes l'idole,
Fière de vos succès, n'en sera que plus folle ;
Et son génie actif... redoublera d'effort...

DE CAPRICE.

Pour faire...

Il paroît un homme qui s'enfuit auffitôt : cela inquiéte Finette.

SIMILOR.
Qu'as-tu donc!

FINETTE.
Ou je me trompe fort,
Ou l'on nous écoutoit.

SIMILOR.
Bon ?

FINETTE.
Oui. J'ai vu paroître
Quelqu'un qui s'eft enfui par là ; qui pourroit-ce être ?
Ce quelqu'un m'inquiéte, & d'ailleurs on m'attend:
Je vais agir pour vous.

SIMILOR.
S'il eft ainfi, va-t-en.

SCENE III.

SIMILOR, L'ARLEQUIN *de la comédie Italienne en habit noir, fans mafque, & feulement avec la culotte, la batte, & le chapeau d'Arlequin.*

ARLEQUIN.
à part.   *haut.*

ENFIN le voilà feul. Monfieur, peut-on, fans mafque,
Préfenter à vos yeux un acteur Bergamafque ?

SIMILOR.

Eh ! mon cher Arlequin ? par quel événement ?
Mais sçais-tu que pour toi ce double appartement
Est pays ennemi ! Lisimon & Florise
Ici logent ensemble.

ARLEQUIN.

Aussi je me déguise
Sous mes traits naturels & ce lugubre habit.
Suis-je bien déguisé ?

SIMILOR.

Fort bien, sans contredit.
Mais que viens-tu chercher ?

ARLEQUIN.

Similor.

SIMILOR.

Moi ?

ARLEQUIN.

Vous-même.
Vous faites à nos gens une injustice extrême ;
On dit que vous donnez au théâtre François
Une pièce comique à s'en lécher les doigts :
C'est nous voler.

SIMILOR.

Jamais acteurs de votre espèce
(Bons d'ailleurs) ne pourroient exécuter ma
            pièce.

ARLEQUIN.

Et pourquoi donc cela ?

SIMILOR.

Mais, c'est qu'elle est en vers ;
Et vous les récitez, messieurs, tout de travers.

DE CAPRICE.

ARLEQUIN.

D'accord ; mais écoutez, j'imagine une chose.
Donnez-nous-là : demain je vous la mets en prose ;
Et rien n'est à mon gré plus aisé que cela ;
Il ne faut que lier tous les alinéa.

SIMILOR.

L'expédient est sûr.

ARLEQUIN.

Eh bien, qui vous arrête ?
Donnez, & nos rivaux en auront sur la crête.

SIMILOR.

Il me faut quelque temps pour me déterminer.

ARLEQUIN.

Quelque temps ? Dans deux jours nous comptons la donner.

SIMILOR.

Dans deux jours !

ARLEQUIN.

Dans deux jours : oh ! nous sommes des drôles....

SIMILOR.

Si faut-il bien du moins que vous sçachiez vos rôles.

ARLEQUIN.

A quoi bon ? Nous avons un excellent soufleur ;
Il crie ; & l'on a l'air de réciter par cœur.
La mémoire, au fond, n'est qu'un talent de perruche,
Nécessaire aux François, où le public épluche :
Mais chez nous, on s'est fait un système obligeant,
Sans trop nous chicanner, d'apporter son argent.

Nous sommes votre fait ; si vous voulez m'en croire,
Ne songez qu'à l'utile, & laissez-là la gloire.

SIMILOR.

Nous verrons ; sur le soir revenez en ce lieu,
Vous sçaurez ma réponse.

ARLEQUIN.
Oui, serviteur.

SIMILOR.
Adieu.

SCENE IV.
SIMILOR seul.

C'est un friand morceau qu'une pièce soufflée !
La mienne au moins chez eux ne sera pas sifflée ;
J'aimerois mieux cent fois en priver le public.
Mais cette concurrence est d'un bon pronostic,
Il sera beau de voir la France & l'Italie
Se disputer l'honneur de notre comédie :
Il faut tirer parti de la rivalité.
Mais personne ne vient ! Je crains qu'au comité
Il ne soit survenu quelque nouveau grabuge.
Ah ! j'apperçois enfin mon beau père & mon juge;
Il a l'air renfrogné.

SCENE V.
LISIMON, SIMILOR.
SIMILOR.

Rassurez-moi, monsieur,

DE CAPRICE.

Vous jugez aujourd'hui mon esprit & mon cœur,
Daignez....

LISIMON *d'un ton bourru.*

Oui, je sçai bien que vous aimez ma fille ;
Que vous voulez, de plus, entrer dans ma famille,
En tout bien tout honneur ; & qu'il n'en sera rien.

SIMILOR.

Et de grace pourquoi ?

LISIMON.

C'est qu'il me faut du bien.

SIMILOR *à part.*

Ah ! je reconnois là, Florise. La perfide !

LISIMON.

Je suis vieux ; le public, de nouveautés avide,
De mon jeu suranné se lassera bientôt :
Mon gendre, si j'en ai, fera bouillir mon pot,
S'il faut vous parler net. Un auteur, quoiqu'il fasse,
Ne peut tirer un choux des marais du Parnasse,
Où, depuis quatre jours, on vous voit barbotter.

SIMILOR.

Barbotter ! moi, monsieur ! Ah ! c'est trop m'insulter.
Favori d'Apollon, & guidé par Thalie,
Je prétends rétablir la bonne comédie ;
Et montrer qu'en dépit des préjugés reçus
L'homme d'esprit allie Apollon & Plutus.
Accordez Rosalide à ma vive tendresse ;
Et de mon imprimeur l'intarissable presse
Versera chez vous l'or, en versant dans Paris
La riche impression de mes brillans écrits.

LISIMON.

L'amour-propre, ma foi, l'emporte à tire d'aîles.

A vj

SIMILOR.

Sans sortir de chez vous, j'ai les plus beaux mo-
dèles.
En voyant Rosalide, & lisant dans ses yeux,
Je peindrai de l'amour les charmes & les feux :
Florise, dont l'esprit en bons mots est fertile,
De mille traits saillans brillantera mon stile.
Je trouverai chez vous le bon-sens, la raison :
Pour moi tout le Parnasse est dans votre maison.

LISIMON à part.

Ce jeune homme pourtant est aimable; & Florise,
Sur son compte, après tout, peut bien s'être mé-
prise.
haut.
Je vous crois des talens ; mais Bazin, entre nous,
En les appreciant, pense autrement que vous :
Il s'y connoît.

SIMILOR.

Je sçai que, dans la compagnie,
Il passe pour un aigle : oui, c'est votre manie.
Et de moi que dit-il ?

LISIMON.

Il vous trouve du bon,
De l'esprit ; trop de feu, trop de présomption ;
Du talent pour les vers ; mais souvent des idées
Et des expressions un peu trop hazardées :
Enfin, tous les défauts qu'ont les jeunes auteurs,
Qui, péchant par le fond, ne sont que des rimeurs.

SIMILOR.

C'est me traiter fort mal; mais, exempt de caprice,
Le public me rendra, monsieur, plus de justice.

LISIMON.

Je le crois : cependant certains affronts passés...

DE CAPRICE.

SIMILOR.

La pièce d'aujourd'hui les a tous effacés.
        d'un ton d'adulation.
Je m'en rapporterois à vos seules lumières:
Oui: vous seul en sçavez plus que tous vos confrères.
Je ne dis pas cela pour vous flatter, monsieur;
Mais vous passez par-tout pour un bon connoisseur
Laissez dire Bazin, & jugez par vous-même.

LISIMON.

Et ma fille, en effet, vous estime, vous aime!

SIMILOR.

Je m'en flatte du moins.

LISIMON.

à part.   Eh bien! s'il est ainsi....
Mais où diable est Florise? & que n'est-elle ici?

SIMILOR.

Eh! bien, monsieur.

LISIMON   *à part.*

haut.   Eh! bien... Elle fera le diable.
Tenez je suis, au fond, un homme assez traitable:
Je ne veux imposer qu'une condition;
Et vous y souscrirez sans doute.

SIMILOR.

                C'est selon.

LISIMON.

Votre pièce tantôt ici doit être lue.

SIMILOR.

Oui.

LISIMON.

Ma fille est à vous, si la pièce est reçue.

Là, serez-vous content ?
SIMILOR.
On ne peut l'être plus ;
Et, sans perdre le temps en discours superflus,
J'en vais à Rosalide apprendre la nouvelle.
passionnément.
Ah ! monsieur.
LISIMON.
La voici, je vous laisse avec elle.
Il revient sur ses pas.
Au moins souvenez-vous qu'il faut, avant ce soir,
Etre mon gendre, ou bien renoncer à la voir :
Aujourd'hui sans succès, demain sans espérance.
SIMILOR.
Vous pouvez ordonner la nôce en assurance.

SCENE VI.
SIMILOR, ROSALIDE, FINETTE.
SIMILOR.
Ah ! Rosalide !
ROSALIDE.
Eh bien !
SIMILOR.
Eh bien ! je suis content :
A nous unir enfin votre père consent.
FINETTE.
Voilà du merveilleux.
ROSALIDE.
Ma joie en est extrême.

Vous n'en pouvez douter, Similor, je vous aime ;
Et l'inſtant qui m'aſſure à jamais votre cœur,
Eſt celui qui peut ſeul aſſurer mon bonheur.

SIMILOR.

Le mien dépend de vous.

ROSALIDE.

Mais je ſuis bien ſurpriſe
De ce que, mépriſant les conſeils de Floriſe,
Mon père, en un inſtant, ait changé de deſſein,
Et, ſans plus de façons, vous accorde ma main.

FINETTE.

A dire vrai, la choſe eſt aſſez ſurprenante.

SIMILOR.

J'ai trouvé ſon humeur un peu récalcitrante
Dans le premier abord ; mais, habile dans l'art
De manier les cœurs, j'ai ſéduit le vieillard.

ROSALIDE.

Votre ſécurité, malgré moi, me raſſure.

FINETTE.

Et la choſe eſt ſûre !

SIMILOR.

Oui.

FINETTE.

Mais bien ſûre !

SIMILOR.

Oh ! très-ſûre.

FINETTE.

Moi, je ne voudrois pas en être caution.

SIMILOR.

Il n'y met, entre nous, qu'une condition.

ROSALIDE.

C'est ?

SIMILOR.

Moins que rien.

ROSALIDE.

Encore ?

SIMILOR.

Et moins que rien, vous dis-je ;
Il couronne nos feux : mais avant il exige
Que les comédiens recevront sans retour
La pièce que je dois présenter en ce jour.

FINETTE.

Elle chante.
Allons-nous en gens de...

SIMILOR.

C'est une comédie
Faite pour subjuguer toute la compagnie,
Plaisante, bien écrite ; & vous sentez fort bien,
Etant sûr de mon fait,

FINETTE.

Que nous ne tenons rien.

ROSALIDE.

Vous vous flattez beaucoup, & votre confiance
Vous fait vous contenter de la simple apparence.
Tant de facilité cache un secret complot.

FINETTE.

Lisimon de Florise aura reçu le mot ;
Et tantôt nous verrons éclore la cabale.
Gageons qu'à critiquer Florise se signale ;
Et que, si par hasard quelqu'un la contredit,
On ne s'entendra plus ; car jamais on ne vit,

Dans

DE CAPRICE.

Dans l'ordre tracassier des femmes de théâtre,
Un esprit plus quinteux & plus opiniâtre.
Votre pièce, monsieur, fera du baccanal ;
A moins qu'avant Florise on n'en dise du mal.
Alors, par pur caprice, il se pourroit bien faire...

ROSALIDE.

Ah ! Finette a raison, & j'en fais mon affaire.

SIMILOR.

De grace, n'allez pas me jouer ce tour là :
Louez plutôt d'abord, Florise se taira.
Quand vous serez pour moi, j'emporterai d'emblée
Le suffrage incertain de toute l'assemblée.

ROSALIDE.

Vous vous flattez beaucoup, je vous l'ai déjà dit.
Florise veut vous nuire, & j'ai peu de crédit :
Mais comptez que, toujours à vous servir fidelle,
L'intérêt de mon cœur animera mon zèle.

SIMILOR *transporté*.

Eh ! qui pourroit encor m'allarmer en ce jour ?
J'ai pour moi les neuf Sœurs, les Graces, & l'Amour.

ROSALIDE.

Laissez-nous réfléchir au parti qu'il faut prendre ;
Et tantôt, dans ces lieux, ayez soin de vous rendre.
Au revoir.

SIMILOR.

J'obéis, & mon cœur enchanté
Va faire un madrigal sur ma félicité.

Il sort.

B

SCENE VII.
ROSALIDE, FINETTE.
FINETTE.

Ce monsieur Similor est fol, Dieu me pardonne.
Et sa prévention, en vérité, m'étonne.

ROSALIDE, *après avoir rêvé.*

Florise fait jouer quelque secret ressort ;
On proscrira la pièce, ou je me trompe fort.

FINETTE.

Comment ! n'en doutez pas. Votre père, en bonhomme,
Va rejoindre sa sœur, & lui raconter comme
De l'amant de sa fille il s'est débarrassé ;
Et Florise déjà le tient pour expulsé.
Pour la confondre, il faut que la coquetterie
Arme tous nos amis contre sa batterie.
Allons. Duval vous aime aussi bien que Fondbois :
Il faut les prévenir & s'assurer leur voix.
Un coup d'œil au premier, au second un sourire,
Tous deux ils entendront ce que cela veut dire.

ROSALIDE.

Mauvais expédient.

FINETTE.

    Et moi je vous soutiens,
Avec ce moyen-là, que Florise & les siens
N'y feront, cette fois, que de l'eau toute claire.
Bazin aussi pourroit entrer dans cette affaire,
Et j'en répondrois, moi, s'il en étoit besoin.

ROSALIDE *en riant.*

Non, ma chère Finette ; épargne-toi ce soin :
Mais d'un autre projet sur toi je me repose.

FINETTE.

Que voulez-vous ?

ROSALIDE.

De toi je ne veux qu'une chose :
C'est de bien obferver ce qui fe paffera.
Si Florife a fa brigue, on fe chamaillera ;
Et j'exige de toi qu'au fort de la mêlée,
Tu trouves le moyen de rompre l'affemblée.

FINETTE.

Suffit. Bien entendu dans le cas feulement
Où notre auteur auroit du deffous ; autrement
Je vous déclare net que, fans en rien rabattre,
Ma complaifance ira jufqu'à les laiffer battre.

ROSALIDE.

Adieu, je ne veux pas plus longtemps t'amufer.

FINETTE.

Et moi, pour vous fervir, je vais tout difpofer.

Fin du premier Acte.

ACTE II.

SCENE PREMIERE.
SIMILOR *seul.*

Il applique à sa situation & au lieu où il doit lire sa pièce, ces vers de Thétis & Pélée.

    Ciel ! en voyant ce temple redoutable,
  De quel frémissement je me sens agité !
      C'est ici qu'il est arrêté
   Si je dois être heureux ou misérable.

Pélée avoit raison de trembler : aujourd'hui
J'ai, pour être troublé, plus de raisons que lui.
Quel doit être le sort des vers que je vais lire ?
J'étois trop vain tantôt, & maintenant j'expire
Des noirs pressentimens qui tourmentent mon cœur.
Amant désespéré, proscrit, & pauvre auteur,
Il faudra me cacher, ou porter à Florise
Une parjure main à sa nièce promise.
Ah ! cette alternative est affreuse à prévoir.
Mais cette femme m'aime ; essayons de la voir :
Peut-être qu'à ma gloire elle-même attachée,
Des hasards qu'elle court elle sera touchée.
S'il en est temps encor, flattons sa vanité
D'un retour de tendresse & de fidélité.
Enchaînons, s'il se peut sa fureur vengeresse :
C'est trop perdre en perdant sa gloire & sa maîtresse.
Rosalide, permets au plus fidèle amant,
Pour la première fois, de paroître inconstant.
Mais j'apperçois Florise.

SCENE II.
FLORISE, SIMILOR.

FLORISE *au fond du théâtre.*

Ah ! le voilà, le traître !

SIMILOR *cavalièrement.*

Madame, vous sçavez que dans ce jour peut-être
Je serai plus célèbre & plus digne de vous.
Il falloit à Florise un glorieux époux :
Je m'illustre à jamais, si pour moi l'on décide.
Tant que je fus obscur, je fus amant timide :
Eh ! que pouvois-je offrir pour prix de vos bontés ?
Quelques vers sans succès, en naissant avortés.
Ma muse, aux grands objets par vous encouragée,
D'un cercle trop étroit s'est enfin dégagée ;
Son vol audacieux, secondant mon amour,
Pour la première fois, me produit au grand jour ;
Et sa main, d'Hypocrène ouvrant les cataractes,
M'a fait versifier une pièce en cinq actes,
Que l'on doit, à l'instant, admettre ou rejetter.

FLORISE *froidement.*

On m'en a dit du bien, monsieur.

SIMILOR.

     Puis-je compter
Sur votre bienveillance & sur votre suffrage ?
De mon amour pour vous c'est mon plus digne
 hommage.

FLORISE.

Prête à vous épouser, de cette nouveauté
Je dois....

LE JUGEMENT

SIMILOR *vivement.*

Oui, c'est un bien de la communauté.

FLORISE *à part.*

Si je veux avec toi, monstre, en contracter une,
Ta comédie ici ne fera pas fortune.

SIMILOR.

Que dites-vous ?

FLORISE.

Je dis que de mes sentimens
Vous devez être sûr ; &, dans quelques momens,
Je veux vous en donner une preuve éclatante.

Similor se jette à ses genoux & lui baise la main.

SCENE III.

FLORISE, ROSALIDE, SIMILOR.

ROSALIDE *au fond du théâtre.*

Que vois-je ! Similor aux génoux de ma tante !
SIMILOR *toujours aux genoux de Florise.*
Ah ! qu'il me soit permis d'expier à vos pieds
Les fautes d'un amant que la gloire ......

ROSALIDE.

Expiez,
Sans vous gêner, monsieur, les fautes d'un volage ;
Si vous expiez tout, vous aurez de l'ouvrage.

FLORISE *fièrement à tous deux.*

Il en est qu'on ne peut faire oublier trop tôt :
A Similor d'un ton plus doux.
Celle de me trahir est du nombre. A tantôt.
Elle sort.

DE CAPRICE.

SIMILOR *à Rosalide qui veut s'en aller.*
Eh quoi ! vous me quittez ! Demeurez, Rosalide.

ROSALIDE.
Que je reste !

SIMILOR.
De grace, écoutez-moi.

ROSALIDE.
Perfide !
Je ne veux rien entendre ; &, sans autre examen,
Ne me parle jamais ni d'amour ni d'hymen.
C'en est fait : je dois rompre une odieuse chaîne ;
Oui, je dois accabler de mépris & de haine
Un amant qui m'outrage.

SIMILOR.
Et qui n'aime que vous.

ROSALIDE.
Dans peu nous nous verrons. *Elle sort.*

SIMILOR *voulant la retenir.*
Ah ! calmez ce couroux.
Elle fuit, je la perds, & je comptois sur elle.
La jalousie aussi lui tourne la cervelle.
Je suis au désespoir.

SCENE IV.
SIMILOR, LISIMON.

LISIMON.
Allons ; gai, mon enfant :
L'heure approche, & tu vas briller dans un instant.
Il faut à la gaîté que notre esprit se monte,

Quand on a du comique à lire. Au moins j'y
  compte ;
Et ne t'avises pas de nous donner encor
Du genre larmoyant. Ecoutes, Similor ;
Si tu veux que je t'aime, abjurant le tragique,
Il faut te consacrer au goût vraiment comique.
Faisons rire.

SIMILOR.

Oui, Monsieur,... rire... c'est fort
  bien dit...
Bon jour. *Il veut s'en aller.*

LISIMON.

Où vas-tu donc ? as-tu perdu l'esprit ?
Ma foi, tous ces auteurs, à mon gré, se ressem-
  blent.
Reste-là : voilà l'heure où nos messieurs s'assem-
  blent.

SIMILOR.

Je ne veux qu'un moment respirer à l'écart :
J'ai le tems ; ces messieurs arrivent toujours tard.

LISIMON.

Ils viennent d'arriver avec Laure & Clarice.
Oh ! quelqu'un : rangez tout, & que l'on avertisse.

SCENE V.

LISIMON, SIMILOR, FINETTE
  & un laquais, *qui apportent une table autour
  de laquelle ils rangent des chaises.*

SIMILOR *voulant s'en aller.*

Monsieur....

LISIMON

DE CAPRICE.

Lisimon *le mettant de force sur une chaise.*

Voilà ta place. A moi, comme doyen,
Un fauteuil : c'est un droit que je céderois bien.

Similor *se relève & dit à voix basse à Finette :*
Sçais-tu que Rosalide est outrée ?

Finette, *à voix basse.*

Et pour cause.
Elle-même, en courant, m'en a dit quelque chose;
Mais ce n'est qu'un dépit qui passera bientôt.

Lisimon.

Qu'est-ce que tu dis-là ?

Finette.

Je lui disois un mot
Au sujet de sa pièce.

Lisimon.

Il a bien peur, je gage.

Finette.

Autant que je le puis, monsieur, je l'encourage;
Mais ce sera bien pis, quand je n'y serai pas.
Si je restois ici ?

Lisimon.

Fais ce que tu voudras;
Ce n'est qu'un comité.

Similor *à part.*

C'est le sabat peut-être.

Lisimon.

Mais nos gens tardent bien : ah ! je les vois paroître.

SCENE VI.

FLORISE, ROSALIDE, LAURE, CLARICE, FINETTE, LISIMON, BAZIN, FONTBOIS, SIMILOR.

FONTBOIS.

Pourquoi donc, notre ami, chez vous s'assemble-t-on ?

FLORISE *ironiquement.*

Monsieur mérite bien cette distinction :
Sans doute il croit qu'ici vous serez plus faciles.

SIMILOR *étonné du ton de Florise.*

Madame...

LISIMON.

Non, non ; c'est pour être plus tranquiles.

Tout le monde s'assied. Finette reste debout, appuyée sur le dos de la chaise de Rosalide.

Cette scène demande à être jouée vivement, de la part même des acteurs muets.

Lisimon continue.

Mesdames, s'il vous plaît, point de distraction ;
Ecoutez, je vous prie, avec attention.

BAZIN.

Est-ce une comédie ?

LISIMON.

Oui ; dont je suis fort aise.

A Similor.

Courage, allons.

DE CAPRICE.

SIMILOR, *d'une voix tremblante.*

Messieurs…

LISIMON.

Avance donc ta chaise.

SIMILOR *toujours tremblant, & assis tout sur le bord de sa chaise.*

Messieurs… votre bon goût…. votre discernement….
Sont la pierre de touche ;… enfin…

FLORISE.

Un compliment !
Fort bien : l'on vous retient, monsieur, pour la clôture.

SIMILOR *bas à Lisimon.*

Ma foi, je tremble.

LISIMON *bas à Similor.*

Eh bien ! commence ta lecture.

SIMILOR *un gros cahier à la main. Après avoir repris ses sens.*

J'ai voulu, dès le titre, établir mon héros.
Vous rirez à coup sûr. C'est…. le Rhinocéros ;
on rit de pitié.
Rire c'est applaudir ; en effet, je me pique
De vous produire ici le plus saillant comique.

ROSALIDE.

Très-comique en effet ; dès l'affiche on rira.

BAZIN.

Je ne m'attendois pas, monsieur, à celui-là.

SIMILOR.

Mais je doute entre nous que tout le monde rie ;

C ij

Car, s'il faut s'expliquer, c'est une allégorie.
FLORISE.
Légère, délicate, & qui vous fait honneur.
SIMILOR.
C'est un tournant adroit qu'a pris plus d'un auteur;
Et n'avons-nous pas les .... comment? ... d'Aris-
tophane ?
BAZIN.
Les Guespes ? Il est vrai qu'il y peint la chicane.
SIMILOR.
Et mon Rhinocéros est un gros financier...
Là.
FLORISE.
Le pauvre animal ira chez l'épicier.
SIMILOR.
Les acteurs sont....
FLORISE.
   Passez ; on le verra de reste.
LAURE.
Cependant, c'est l'usage enfin.
FLORISE.
       Je le déteste ;
Chaque acteur en son lieu doit si bien se placer
Qu'il ne soit pas besoin de nous les annoncer.
LISIMON.
Cela vaut encor mieux.
SIMILOR *d'un ton piqué.*
     Vous serez satisfaite.
       une pose.
Je présente d'abord une scène muette.

DÉ CAPRICE.

ROSALIDE.

Ah ! ah ! Mais c'est vraîment débuter comme il
faut.
On voudra nous entendre ; & l'on criera... plus
haut.

LISIMON.

Ce début, il est vrai, pourra paroître étrange.

FINETTE *bas à Rosalide.*

A quoi pensez-vous donc, madame ?

ROSALIDE *bas à Finette.*

Je me venge.

BAZIN.

Je vois avec chagrin que messieurs les auteurs
Comptent trop aisément sur le jeu des acteurs.

ROSALIDE.

Moi, pour en imposer aux langues indiscrettes,
Sans façon, j'aurois mis tout en scènes muettes.

*Similor regarde Rosalide d'un air piqué ; il
se fait un silence, qui finit par un éclat de rire
de la part de Rosalide.*

SIMILOR.

Je ne m'attendois pas à voir tant de gaîté.

ROSALIDE.

Des mines que l'on fait je ris, en vérité.

SIMILOR.

Eh bien, un jeu muet fait donc quelquefois rire :
Convenez-en du moins.

LISIMON *à Similor.*

Allons donc.

LE JUGEMENT

SIMILOR.

Je vais lire.

il commence à lire sa pièce.

Eh quoi ! vous fréquentez cette maison, d'Orval ?
J'en connois mieux que vous le danger ; c'est fort
mal.

FONTBOIS *d'un ton pédant.*

Cela n'est pas françois.

SIMILOR.

En voici bien d'une autre.

FONTBOIS.

Quel françois parlez-vous ?

SIMILOR.

Et, palsambleu ! le vôtre :
Et qu'y trouvez-vous donc à blâmer, s'il vous
plait ?

FONTBOIS

Nous difons cela...est, monsieur, & non pas c'est.
Il faut sçavoir sa langue avant tout ; & j'enrage
Quand je vois nos auteurs, dans un long verbiage,
Blesser à chaque mot, pour leur commodité,
L'ordre de la grammaire en tout lieu respecté ;
Sacrifier la règle au clinquant de la rime ;
Et, laissant le vrai mot, courir au synonyme.

LISIMON.

Tiens, Fontbois, laisses-là ta dissertation.

FLORISE.

A quoi bon étaler tant d'érudition
A qui n'a jamais sçu seulement sa grammaire ?

SIMILOR *piqué.*

Je l'apprendrai.

DE CAPRICE.

FONTBOIS.

Fort bien : vous ne pouvez mieux faire.

LISIMON.

Il ne finira pas, si vous l'interrompez
A chaque mot qu'il dit. Allons, continuez.

Similor est abasourdi des dispositions où il voit tout le monde, & sur-tout Rosalide, & il a de la peine à reprendre sa lecture ; cependant il se remet, & continue :

SIMILOR *pompeusement.*
Il lit.
On va par échelons de l'innocence aux crimes.

FONTBOIS.

Echelons ?

BAZIN.

Vous donnez aussi dans les maximes ?
Vous serez froid.

SIMILOR.

Monsieur, écoutez jusqu'au bout ;
Vous reprendrez après les défauts.

ROSALIDE *vivement.*

Point du tout.
C'est dans les beaux endroits qu'un contresens se
    niche ;
Il faut analyser à fond chaque émistiche.
à part.
Tu me la payeras.

FINETTE.

Ma foi, c'est fait de lui.

BAZIN.

Je ne sçaurois me faire au jargon d'aujourd'hui :

C iv

On diroit qu'un auteur se donne la torture
Pour s'écarter toujours de la simple nature.
De grands mots enfilés sans jugement, sans art,
Qu'en un dictionnaire on ramasse au hasard,
Maximes, lieux communs, sentences, & tirades,
Voilà le goût ; & moi j'aime mieux des parades.
Oui, j'aime mieux Pierrot, qui, tout uniment, dit
Qu'il n'est de grand coquin qui n'ait été petit,
Que de ce vers pompeux, l'imposante maxime,
 Il prend le ton de Similor.
On va, par échelons, de l'innocence au crime.

FONTBOIS.

Encore mettez-vous le crime au singulier,
Et monsieur bonnement l'avoit mis au plurier.

SIMILOR *se dépitant.*

Ah ! ma foi, c'en est trop, & je cesse de lire.
Contre ma pièce ici tout le monde conspire.

LISIMON.

Et non, monsieur, lisez.

SIMILOR.

     Je ne suis pas si sot.
Et le moyen ! monsieur chicane chaque mot.
L'un critique le stile, & l'autre les pensées ;
Et les dames aussi sont toutes empressées
A rire, à me donner chacune leur lardon.

FONTBOIS.

Le terme est trivial ! mauvais expression !

SIMILOR.

A la fin, sçavez-vous, monsieur le difficile,
Qu'il seroit dangereux de m'échauffer la bile.
Il faut donc avec vous étudier ses mots,
Si l'on ne veut pas être en risque, à tout propos,

DE CAPRICE.

De voir un gloſſateur vous couper la parole.
J'y renonce.

Il jette ſon papier ſur la table. Il ſe fait un ſilence : chacun fait des mines.

CLARICE.

Monſieur, aurai-je un joli rôle ?

SIMILOR.

Fort joli, je vous jure.

CLARICE.

Achevez donc ?

SIMILOR.

Et mais,
Qui ne commence point ne finira jamais.

LISIMON.

Il a raiſon, meſſieurs & meſdames, ſilence.

SIMILOR.

Je vais continuer ; mais je vous dis d'avance
Que, dans des vers heureux, vous trouverez encor
Des traits où mon eſprit ayant pris ſon eſſor
Aura, plus d'une fois, moleſté la grammaire ;
J'en ſuis fâché, monſieur, mais je ne ſçais qu'y
faire.
Je ne pourrai jamais, ſervile rimailleur,
M'aſſujettir aux loix d'un puriſte cenſeur.
Ma touche négligée a le feu du Corège.
Laiſſons aux ſçavantus, aux cuiſtres de collège,
L'honneur de fabriquer, dans les règles de l'art,
Des vers qui font bâiller les gens de toute part.
Echauffons les eſprits, que mon feu les tranſporte.
Il ſuffit qu'on critique en liſant, peu m'importe.
Nous aurons aſſez fait, quand le public, charmé
Pendant trois mois entiers, chez vous aura ſemé

De bons certificats de son constant suffrage ;
plus bas, à Lisimon en lui serrrant la main.
Et qu'en deniers comptants j'aurai vendu l'ouvrage.

LISIMON.

Tu parles d'or, mon cher.

SIMILOR.

     La fortune en tous temps
Refusa ses faveurs à ces esprits rampans ;
Tout grand génie a droit aux richesses de l'Inde,
Et mon rang est marqué dans le plus haut du Pinde.

FLORISE.

J'ai vu de vos pareils, par un retour fatal,
Aller, sans échelons, du Pinde à l'hôpital.

FINETTE *à part.*

Voilà de vrais doguins qui ne cherchent qu'à mordre,
Et c'est un complot fait ; mais je vais y mettre ordre.

         Elle sort.

SIMILOR *à Florise.*

Qu'il faut avoir d'esprit pour jouer sur le mot !
Madame en a beaucoup ; ou je ne suis qu'un sot.

FLORISE *vivement.*

Vous me fermez la bouche.

SIMILOR *à Rosalide.*

     A votre tour, madame,
Allons ; n'avez-vous pas encor quelqu'épigramme ?

ROSALIDE *d'un ton doucereux.*

Au contraire ; j'allois défendre l'échelon.

DE CAPRICE. 35

Je ne badine point ; je le trouve fort bon.
Dans un goût tout nouveau, monsieur réabilite
Ce propos rebattu d'un certain Hyppolite :
Ainsi que la vertu le crime a ses dégrés ;
C'est Racine tout pur : vous le surpasserez.

SIMILOR *désespéré.*
Il s'appuye sur la table les deux poings sur ses yeux.
Oh dieux !

LAURE *d'un ton d'ennui.*

Achevez donc, monsieur, coûte qu'il coûte.
Tout le volume en est apparemment.

SIMILOR.
Sans doute ;
Le titre semble ingrat ; mais mon esprit fécond
A tiré du sujet cinq actes.

FLORISE.
C'est trop long.

ROSALIDE.
Trop long de cinq.

BAZIN.
Pour moi, je ne sçaurois comprendre
Pourquoi tant d'écrivains ont la rage d'étendre
Des sujets dont le fond est aride & borné ;
Et d'étrangler, par contre, en un acte gêné,
D'autres faits pour briller dans le plus vaste espa-
ce.

UN VALET *à Fontbois.*
Monsieur, je vous amène un carosse de place.

FONTBOIS.
Et de quoi s'agit-il ?

LE VALET *à voix basse.*
C'est un diné friand

Que l'opulent Mondor donne à Ménil-montant.

FONTBOIS *à Lisimon.*

Adieu.

LISIMON.

Reste un moment.

FONTBOIS.

Non, le diable m'emporte.
Il sort.

UN VALET *à Clarice.*

Madame, un vis-à-vis vous attend à la porte.

CLARICE.

Ah ! je sçais ce que c'est.
Elle sort.

SIMILOR.

On n'a rien vu d'égal.

FINETTE *à Florise.*

Madame, votre chien vient de se trouver mal.

FLORISE.

Mon chien ! oh ! des valets la négligente race !
S'il en meurt, sans pitié, coquine, je te chasse.
Elle sort.

SIMILOR.

Je m'en vais rester seul, tout le monde s'enfuit.

FINETTE.

bas à Similor.　　　*haut à Rosalide.*
Tant mieux. La couturière apporte votre habit ;
Il est charmant, madame. Ah ! que vous serez
　belle ?

ROSALIDE.

Mon habit ? oh ! je veux l'essayer avec elle.
Elle sort.

UN VALET *remet un billet à Laure.*
Elle lit. LAURE.
„ Un juif, fur vos bijoux, vous prête cent louis,
„ En payant l'intérêt par mois, au denier dix ;
„ Encore n'eſt-ce pas ſans peine.
„ Il s'en étoit allé, le diable le ramène,
„ Ils vous attendent au logis. *Marton*
au valet.
Ah ! l'honnête-homme ! Et toi, de crainte qu'il
ne ſorte,
Vas vîte, à double tour, fermer ſur lui la porte.
SIMILOR.
Vous ſortez ?
LAURE.
Cent louis !... Je te ſuis à l'inſtant,
Cours.
Elle ſort en faiſant une grande révérence à
Similor.

BAZIN *d'un ton moqueur.*
Nous ne ſommes plus le nombre compétent ;
Et, pour prendre le ton de votre allégorie,
Votre Rhinocéros peut gagner l'écurie.
Ce n'eſt pas qu'au ſeul titre on veuille vous juger :
Mais vous aurez, monſieur, beaucoup à corri-
ger,
Si, vous livrant au feu d'une vive jeuneſſe,
Vous vous êtes permis, dans le cours de la pièce,
Ces écarts dont j'ai vu l'étrange échantillon.
Adieu. Soit qu'à mon ſens vous défériez, ou non,
Un auteur, qui prétend à l'eſtime publique,
Doit ſur-tout éviter, monſieur, le bas comique.
Il veut s'en aller.
LISIMON.
Bazin, ne t'en vas pas. Je crains, dans tout ceci,

Que Florife ne gronde, & Rofalide auffi ;
Je ne veux pas refter feul avec ces femelles.

BAZIN.

Quoi ! tu les crains ? Eh bien ! je vais entrer chez elles.

LISIMON à *Similor*.

Il vous refte du moins la confolation
De ne plus craindre ici la contradiction ;
Vous fçavez mon marché: fans autre procédure..?

SIMILOR.

J'en appelle, monfieur.

LISIMON.

Où donc ?

SIMILOR.

A la lecture,
Quand, plus tranquillement, on voudra m'écouter.

LISIMON.

Ces jeunes gens toujours aiment à fe flatter.

Il fort.

SCENE VI.

SIMILOR *feul*.

FINETTE ici me rend un fignalé fervice :
C'eft un vrai guet-à-pens, & j'étois au fupplice...
A bon compte, voilà mes projets renverfés :
Car, comment raffembler mes juges difperfés ?
Comment humanifer ce cenfeur déteftable ?
Comment concilier ces femmes ? c'eft le diable..;
Florife ! à la bonne heure ; on connoît le motif

Qui rendoit son esprit si fort rébarbatif.
Rien ne s'opposoit plus à notre mariage,
Si du corps assemblé j'avois eu le suffrage :
Mais que sa nièce, en proie à des soupçons jaloux,
Sacrifie à la fois, & l'auteur, & l'époux,
Me critique, me raille, & me persifle en face !
C'est une perfidie atroce, & qui me passe.
Rien ne peut excuser le caustique plaisir
Que son cœur ressentoit à me voir avilir.
Sa conduite est pour moi d'une impudence extrê-
    me ;
Et sans doute il faut rompre... Il est vrai ; mais je
    l'aime.

Fin du second Acte.

ACTE III.

SCENE PREMIERE.
FINETTE.

A L'ESPRIT qui tantôt règnoit au tribunal,
Le pauvre Similor prenoit tout au plus mal :
De dogues acharnés j'ai cru voir une émeutte,
Et j'ai vraiment bien fait de disperser la meutte.
Avec art j'ai saisi le foible de nos gens,
Et tous à déguerpir ont été diligens.
Je ne puis m'empêcher d'en rire, quand j'y pense.

SCENE II.
SIMILOR, FINETTE.
SIMILOR.

Bonjour, ma chère enfant, de ma reconnoissance
Sois sûre qu'avant peu tu verras les effets.

FINETTE.

Quelques vers ! Un poëte en a toujours de faits :
Mais qui me répondra que mon espiéglerie,
De Laure, de Fontbois, de Clarice en furie,
Ne m'attirera pas quelqu'orage fâcheux !
Que Rosalide même...

SIMILOR.
Ah ! nous craignons tous deux ;
Mais toi pour un moment, moi pour toute ma vie.
Funeste

Funeste contretemps ! maudite jalousie !
Mais jalouse ! & de qui ! Je suis au désespoir.
Finette, je péris si je ne puis la voir ;
Pour la désabuser, je veux tout entreprendre.

FINETTE.

La voir est bien aisé : je viens ici l'attendre ;
Vous pourrez lui parler. Mais que lui direz-vous ?
Quand on vous a surpris embrassant les genoux
D'une femme, en tout point à nos desseins funeste;
Femme qu'en ce logis tout le monde déteste ;
Et que, sans les respects dûs à la parenté,
J'aurois fait repentir de sa rivalité.

SIMILOR.

Finette, il n'en est point ; je n'aime, je n'adore
Que ta belle maîtresse.

FINETTE.

    Espérez donc encore ;
Priez, pressez ; pleurez s'il le faut, on rira ;
Et puis, tout en riant, on pous pardonnera.
La gaîté ne va point avec la bouderie ;
Le sérieux aigrit : mais qu'une femme rie,
Le calme est aussitôt rétabli dans son cœur.
Du moins c'est l'ordinaire, & telle est mon hu‑
  meur ;
Et je craindrai toujours, pour une honnête fille,
Que, par des propos gais, un galant émoustille.
Mais voici Rosalide. Allons ; sautons le pas.

SIMILOR.

Mon cœur frisonne ; au moins ne m'abandonne
  pas.

D

SCENE III.
ROSALIDE, SIMILOR, FINETTE.

SIMILOR.

Avez-vous pu le croire, aimable Rosalide,
Qu'un cœur tout plein de vous pût devenir per-
 fide ?
Que je vous trahissois ?

ROSALIDE.
    Je crois ce que j'ai vu.

SIMILOR.
Vous m'en voyez encore à vos pieds confondu.
De Florise, il est vrai, j'ai flatté la tendresse
Pour la mieux disposer à recevoir ma pièce :
De son heureux succès dépendoit mon destin ;
Votre père, à ce prix accordant votre main,
Il falloit m'assurer du crédit de Florise.
La feinte, en pareil cas, m'étoit, je crois, per-
 mise.

ROSALIDE.
La vengeance, monsieur, m'étoit permise aussi,
Et le Rhinocéros a fort bien réussi.

SIMILOR.
Ange partout ailleurs, mais vrai diable au cha-
 pitre,
Vous avez la première, en plaisantant mon titre,
Contre le pauvre auteur fait sonner le tocsin ;
J'ai reçu la bordée.

ROSALIDE.
    Et c'étoit mon dessein.
Je suis mise à l'écart, votre pièce est proscrite,

DE CAPRICE.

FINETTE.

Eh bien! partez de-là; vous voilà quitte à quitte.
Allons; sur nouveaux frais il faut recommencer:
C'est un amour tout neuf; & moi, pour avancer,
Je vous dis que tous deux vous vous aimez...

ROSALIDE.

Finette,
Sortez.

FINETTE.

Je fais ici le métier de soubrette,
Et j'abrège...

ROSALIDE.

Sortez; je vous l'ai déjà dit:
D'un ton de reproche.
Montez là-haut; je vais essayer mon habit.

FINETTE.

Eh quoi! voudriez-vous me faire une querelle
De vous avoir servis tous les deux avec zèle?
D'avoir exécuté ce que vous m'aviez dit?

ROSALIDE.

Pour les autres, fort bien; mais moi.

FINETTE.

Vous....

ROSALIDE.

Il suffit.

FINETTE *à Similor.*

Mais, monsieur Similor, prenez donc ma défense.

SIMILOR.

Finette, plus que toi j'ai besoin d'indulgence.

FINETTE.

Vous êtes deux enfans; & je veux, malgré vous,

D ij

Malgré la bouderie & les destins jaloux,
Rendre heureux, en ce jour, un couple qui s'adore :
A Rosalide.
Car enfin vous l'aimez.

ROSALIDE.

Moi ! j'aimerois encore
Un soupirant banal, incertain dans son choix,
Qui cajole & trahit deux femmes à la fois,
Et dont la fausseté...

SIMILOR.

De grace, Rosalide,
Epargnez-moi les noms de traître & de perfide.
Eh quoi ! feindre d'aimer est-ce une fausseté ?
Non ; l'amour n'est qu'un mot dans la société ;
Mais il est sentiment auprès de Rosalide :
Il y naît, il y croît ; & la Parque homicide
Est la seule qui puisse en terminer le cours :
Ma tendresse sera filée avec mes jours.

ROSALIDE.

De ces propos galans je ne suis point surprise ;
C'est ce que vous disiez aux genoux de Florise.

SIMILOR.

Et c'est ce qu'on ne peut sentir qu'auprès de vous.

FINETTE.

A Rosalide.   *A Similor.*
Votre ton est trop aigre, & le vôtre trop doux ;
Vous m'impatientez. Songeons à notre affaire.
Nos gens vont revenir ; n'avons-nous rien à faire ?
J'ai vu que les amans étoient ingénieux,
Que toujours le plus tendre imaginoit le mieux,
Voyons, faites assaut de tendresse & de ruse.

DE CAPRICE.

SIMILOR.

Moi, je suis abruti.

FINETTE.

Fort bien ; la belle excuse !
Et vous, mademoiselle ?

ROSALIDE *feignant l'indifférence.*

Oh ! moi, tout m'est égal.
Perdre un volage amant n'est pas un si grand mal.
Plus bas, en regardant dans son éventail.
Mais... si j'étois auteur... que du sort de ma pièce
Dépendît, sans retour, la main de ma maîtresse...
Mon esprit, plus actif, employant mieux son tems,
Feroit, de toutes parts, naître des concurrens.
Vivement.
Oui, je susciterois, dans le cas où vous êtes,
Et les Italiens & jusqu'aux Marionnettes.

FINETTE.

A vous la palme.

SIMILOR.

A moi, car c'est là mon dessein ;
Ici même, dans peu, vous verrez Arlequin.

FINETTE.

Eh ! que ne parlez-vous ? l'idée est excellente,
Et de voir Arlequin je suis impatiente.
Je vais même, de peur qu'il n'arrête en chemin,
Je vais l'aiguillonner d'un billet de ma main.
J'entends du bruit : adieu. Bon, c'est Laure &
Clarice. *Elle sort.*

SCENE IV.
ROSALIDE, LAURE, CLARICE, SIMILOR.

CLARICE *au fond du théâtre, parlant à Laure qui arrive avec elle.*

Oh ! tant qu'il vous plaira ; je m'en ferai justice.
Je voudrois bien sçavoir à qui, dans la maison,
Je dois le sot projet de cette trahison.

LAURE.

Tu rêves ; c'est, au plus, une plaisanterie.

CLARICE *à Rosalide qui rit.*

Vous riez ! est-ce à vous, madame, je vous prie ?

ROSALIDE.

Je ne sçais pas un mot de ce dont il s'agit.

CLARICE.

Vous sçavez que tantôt un de vos gens m'a dit
Qu'un vis-à-vis....

ROSALIDE.

C'étoit de la part de Finette.

CLARICE.

Oui, ce beau vis-à-vis étoit une brouette.

LAURE *d'un air malin.*

Que quelqu'un envoyoit avec discrétion.

CLARICE.

Je l'ai cru, je l'avoue ; &, sans réflexion,
Tout uniment chez moi je me suis fait conduire ;
Non sans jurer tout bas & de bon cœur maudire
La voiture trop lente au gré de mes desirs.

J'aurois voulu voler fur l'aile des zéphirs ;
Mais, fur le pavé gras, malgré la diligence,
Mon chien de brouetteur gliſſe autant qu'il avan-
    ce.
Nous allions cependant, enfin, cahin, caha ;
Quand, tout-à-coup, paſſant un ruiſſeau, patatra,
La brouette s'enfonce, &, juſte entre les roues,
Je me trouve debout patogeant dans les boues,
Et faiſant de mon mieux pour ſuivre pied à pied
Mon homme, allant pour lors trop vîte de moitié.

ROSALIDE.
J'aurois fait arrêter.

CLARICE.
     Eh ! je criois de reſte ;
Mais de mes jupons courts le déſordre funeſte
Excitoit la riſée & les bruyans éclats
D'un tas de poliſſons qui marchoient ſur mes pas,
Si bien que je n'ai pu jamais me faire entendre.
Enfin à mon logis je parviens à me rendre,
Comptant bien y trouver notre homme au vis-à-
    vis :
Point du tout ; il n'eſt pas ſeulement à Paris,
Et n'y doit revenir de toute la ſemaine.

ROSALIDE *riant*.
De vous tant tourmenter ce n'étoit pas la peine.
A Laure.
Et vous ? vos cent louis, madame ?

LAURE.
      Pas le mot.

ROSALIDE.
C'eſt encore Finette ; & monſieur, de complot,
Avoit prémédité cette ſcène avec elle.

LAURE.

Pour le chien de Florise elle est bien plus cruelle.
On l'a fait à l'instant saigner, sur son rapport.
Il n'étoit point malade; & je le croirois mort,
Aux lamentations que Florise débite;
Elle en perdra l'esprit.

ROSALIDE.

Monsieur, courez donc vîte.

SIMILOR.

Ah! périsse le chien, & moi-même avec lui!
Vous ne voulez donc pas m'épargner aujour-
d'hui?

ROSALIDE *en riant.*

Je crois que non.

SIMILOR.

Que vois-je! à la fin je respire.

ROSALIDE.

Comment?

SIMILOR.

Oui, Rosalide, oui, je vous ai vu rire:
Vous m'avez pardonné. Quand Vénus sourioit,
Des amans malheureux le supplice cessoit.

ROSALIDE.

Je suis trop bonne.

SIMILOR *lui baisant la main avec transport.*

Ah! dieux!

ROSALIDE.

Quel bruit à cette porte!

SCENE

SCENE V.

Les acteurs précédens, FONTBOIS.

FONTBOIS.

Je m'en ferai raison, ou le diable m'emporte.

CLARICE.

Eh! mon dieu! vous voilà bien ému!

FONTBOIS.

J'ai raison.
Vous avez vu tantôt un empressé grison
Qui, d'un dîné friand que préparoit son maître,
Est venu m'inviter de sa part. Ah! le traître!

ROSALIDE.

C'est encore Finette.

FONTBOIS.

Oh! cette peste-là,
Ou qui que ce puisse être, enfin me le paîra.

ROSALIDE.

Eh bien?

FONTBOIS.

Eh bien; je vole & vois, en batterie,
Sur la table déjà la riche argenterie
Du patron qui m'a fait si galamment prier,
Et je me préparois à bien officier.

CLARICE.

Je le crois.

FONTBOIS.

Point du tout: notre homme cacochime
S'étoit, depuis deux jours, mis au plus grand
 régime;

E

Et, pour lui faire honneur, ses fastueux valets
Etaloient cent lingots, pour servir un œuf frais.

LAURE.

Le tour est fort plaisant.

FONTBOIS.

Oh! je me donne au diable;
C'est une perfidie atroce, abominable,
Et jamais je ne fus plus durement berné.

SCENE VI.

Les acteurs précédens, LISIMON, BAZIN.

LISIMON.

Qu'avez-vous donc?

LAURE.

Fontbois a manqué son dîné.

LISIMON.

L'aventure est fâcheuse! Eh bien! mon camarade,
Pour t'en dédommager, je t'offre ma salade.
A Similor.
Ah! vous voilà, monsieur? par quel hasard? Je croi
Que vous n'avez plus rien à prétendre chez moi;
Votre pièce tantôt n'a pas été reçue.

SIMILOR.

Dites qu'elle n'a pas seulement été lue.

FONTBOIS.

Je me souviens pourtant de quelques plaisans mots;

DE CAPRICE.

Echelons, par exemple.

CLARICE.

Et le Rhinocéros ?

BAZIN.

Il est vrai que ce titre est tout-à-fait bizarre.

SIMILOR.

Le titre n'y fait rien, monsieur : rien n'est si rare
Que d'en voir aujourd'hui qui réponde au sujet.
Faudra-t-il faire aussi comme un auteur a fait,
Qui, ne sçachant que mettre, a mis *La*.... *trois*
   étoiles ?
La curiosité s'irrite par les voiles.
Un titre allégorique est infiniment mieux
Que *le Joueur*, *l'Avare*, & tous ces titres vieux
Qui présentent d'abord les sujets qu'on y traite ;
Et vous verrez un jour, si je suis bon prophète,
Qu'aux pièces l'on mettra pour titre, & le meil-
   leur,
Le nom d'un animal ou celui d'une fleur ;
Par exemple la Rose à la *Métromanie*,
Le Lys au *Glorieux*, la Colombe à *Cénie*.

FONTBOIS.

Il seroit bien plus court de les numéroter.

SIMILOR *piqué*.

A votre aise, monsieur, vous pouvez plaisanter ;
Mais....

ROSALIDE *à Laure & à Clarice, à part*.

Il est temps que je vienne à son aide ;
S'il manque le moment, c'est un mal sans remède.

SIMILOR.

Je trouverai des gens un peu mieux disposés,

E ij

Et chez qui les auteurs font plus favorifés.

LISIMON.

Ma foi, je n'en fçais rien ; quel eft donc ce myf-
tère ?

ROSALIDE.

Aurions-nous des rivaux à craindre ?

SIMILOR.

Je l'efpère,
Et qui des nouveautés connoiffent mieux le prix
Que des grammairiens aux règles affervis ;
Des gens qui, d'amufer faifant leur feule affaire,
Au public ennuyé font toujours furs de plaire.

LISIMON.

Quoi ! les Italiens !...

ROSALIDE *à Lifimon.*

Cela n'eft pas douteux:

SIMILOR *à Rofalide.*

Mon cœur fera chez vous, & mon efprit chez eux.
à Lifimon.
Quand j'ai vu qu'à mes vœux vous étiez fi con-
traire,
J'ai cherché les moyens de me tirer d'affaire ;
Celui-ci, pour le mieux, à moi s'eft préfenté.

LISIMON.

Et votre ouvrage eft lu ?

SIMILOR.

Tout de fuite.

LISIMON.

Accepté ?

SIMILOR.

Ils en euffent de moi, fans lire, accepté mille.

DE CAPRICE.

Mais sur le traitement j'ai fait le difficile:
Je les laisse venir, bien sûr qu'avant ce soir,
Sans faute de leur part quelqu'un me viendra voir.

LISIMON.

Ces gens, par leurs dessous, tous les jours nous attrapent.

ROSALIDE.

Voilà comme souvent les pièces nous échapent.

LISIMON *à part.*

Je suis piqué.

SCENE VII.

Les acteurs précédens, ARLEQUIN *au fond du théâtre: il fait des lazzi pour tâcher de se faire voir à Similor.*

CLARICE *à Arlequin.*

MONSIEUR, que voulez-vous?

ARLEQUIN.

Moi? rien.

à Similor qui cause bas.
Heum? heum?

ROSALIDE.

Est-ce à monsieur?

ARLEQUIN.

Le maudit entretien

à Similor.
Voulez-vous bien, monsieur, à la fin me répondre?

LE JUGEMENT

SIMILOR *à part.*

Arlequin ! bon ; ma foi, ceci va les confondre,
Haut à Arlequin.
Je n'en ai pas le temps : revenez.

ARLEQUIN.

Comment donc ?
A gens de notre sorte est-ce ainsi qu'on répond ?

ROSALIDE *à Lisimon.*

C'est des Italiens le discret émissaire.
CLARICE *appercevant les attributs d'Arlequin.*
Et vraiment ! voyez-vous l'habit de caractère ?

LISIMON.

Qu'est-ce à dire, monsieur ? que cherchez-vous
 ici ?
ARLEQUIN, *en escamottant de la poche de Similor le papier dont le bout passoit.*

Mon bien ; car ce papier doit s'appeller ainsi.

LISIMON.

Ce papier votre bien ?

SIMILOR.

Non, monsieur.

ARLEQUIN.

Non, vous-même.
Je ne m'en défais plus.
Il fait des lazzi pour serrer le papier.

LISIMON.

Quelle impudence extrême !

ARLEQUIN.

Hé ?...

LISIMON.
Comment donc ! chez moi ! Je vous trouve plaisant.

ARLEQUIN.
Mais....

LISIMON.
Une pièce en vers !

ROSALIDE.
En cinq actes !

LAURE, *les poings sur les roignons.*
Comment !

LISIMON.
Rendez-la, par la mort !

LAURE *le prenant au collet d'un côté.*
Oui, rendez.

CLARICE *le prenant de l'autre côté.*
Rendez vîte.

ROSALIDE *le prenant au collet par derriere.*
Ou pour vous, à l'inſtant, nous trouverons un gîte.

BAZIN.
On diroit, à les voir, que c'eſt la toiſon d'or.

ARLEQUIN.
Aye ! aye ! vous ſerrez ! Eh ! monſieur Similor, Par grace, à ces dragons impoſez donc ſilence.

SIMILOR.
Meſdames, un moment ; il m'eſt permis, je penſe, De diſpoſer encor de ma pièce à mon gré.

LISIMON.
Non, non ; nous en avons aſſez délibéré ;

Je la soutiens bonne; oui, bonne par excellence;
à Bazin.
N'est-ce pas?

ARLEQUIN *à Similor.*

Vous m'avez promis la préférence.

LISIMON.

La préférence ? à vous ? J'aimerois mieux cent fois
La céder aux forains.

FONTBOIS.

Je lui donne ma voix.

LAURE.

Et moi la mienne.

CLARICE.

Et moi.

SIMILOR.

Comment ! sans être lue ?

LISIMON.

N'en parlons plus, monsieur, votre pièce est reçue.

SIMILOR *à Rosalide.*

Mon bonheur est parfait ; daignez le partager.

FONTBOIS.

L'ouvrage est reçu, mais je veux le corriger ;
Il nous faut du correct.

SIMILOR.

J'y consens sans scrupules;
Vous y mettrez, monsieur, les points & les virgules.
à Arlequin.
Donnez-là maintenant, sans vous faire prier.

DE CAPRICE.

ARLEQUIN.

Mais ceci me paroît tout-à-fait singulier !
Avec moi prétend-on en agir de la sorte ?
Je ne sors pas d'ici, morbleu ! que je n'emporte
Ce chef d'œuvre. Sans doute, au ton que l'on y met........

FONTBOIS.

L'entreprise est hardie.

ARLEQUIN.

Oui ! hardie en effet.

LAURE.

Il va dans ce logis faire le diable à quatre.

LISIMON.

Faudra-t-il avec vous, monsArlequin, nous battre ?

ARLEQUIN.

Non, non ; mais....

FONTBOIS.

Parlez donc.

ARLEQUIN.

Faut-il le répéter ?
La pièce est à nous ; &... je prétends l'emporter.

LISIMON.

Vous ?

ARLEQUIN.

Moi : sanguedemi ! vous verrez.

FONTBOIS *fièrement, en mettant son chapeau.*

Eh bien ! Qu'est-ce ?

ARLEQUIN *met son chapeau qu'il retrousse d'un air redoutable.*

tranquillement.
En la parodiant, j'emporterai la pièce, *il sort.*

BAZIN.

J'admire les effets de la rivalité :
Sans connoître, sans voir, vous avez accepté
Une pièce tantôt frondée avec justice.
En vérité, messieurs, ceci tient du caprice.
Si l'humeur nous conduit, on doit plaindre les gens
Qui nous croyent en droit de juger leurs talens.

FONTBOIS.

Nous faisons toujours bien de priver nos émules
De pièces même au fond plattes & ridicules.
On a beau faire cas des anciennes beautés,
A notre préjudice on court aux nouveautés :
Entre nous on accepte, & jamais on ne joue.

LISIMON.

Je crains d'avoir été trop vite, je l'avoue ;
Et Florise....

LAURE.

Elle a bien d'autres soucis, ma foi.

SIMILOR.

Vous avez prononcé ; Rosalide est à moi.

LISIMON.

Puisque je l'ai promis, je ne puis m'en défendre
Touche-là, mon enfant : oui, tu seras mon gendre,
Pourvu qu'à nos messieurs d'un esprit plus soumis
Tu fasses bien ta cour en suivant leurs avis.

SIMILOR.

Je vous dois tout, monsieur. Mais, belle Rosalide,
En vain en ma faveur votre père décide,
Si vous ne confirmez ses bontés, & le choix
D'un amant qui fait vœu de mourir sous vos loix.

DE CAPRICE.

ROSALIDE.

Laure, qu'en penses-tu ? Qu'en pensez-vous, Clarice ?

LAURE.

Nous sçavons ton secret, ton cœur lui rend justice;
Allons.

ROSALIDE. *[transport.*

Voilà ma main. *Similor la lui baise avec*

LISIMON.

Songe à faire du beau.

FONTBOIS.

Du correct.

CLARICE.

Du comique.

LAURE.

Et sur-tout du nouveau.

SIMILOR.

Comptez tous de ma part sur de nombreux ouvrages,
Si le public en foule adhère à vos suffrages.

Fin du troisième & dernier Acte.

www.ingramcontent.com/pod-product-compliance
Lightning Source LLC
LaVergne TN
LVHW022145080426
835511LV00008B/1260